I0115622

Die Sozialisierungsaktion im ersten Jahre der Republik

OTTO BAUER

Otto Bauer · Ausgewählte Schriften · Band 5

HERAUSGEGEBEN VON THOMAS GIMESI

© THOMAS GIMESI · 2017

ISBN 978-3-9504454-4-2 · PAPERBACK

Bibliografische Informationen dieser Publikation verzeichnet die
Österreichische Nationalbibliothek unter www.onb.ac.at

Informationen zum Projekt und zu weiteren Publikationen
finden Sie unter www.ottobauer.works

Verwendete Texte Otto Bauers sind gemeinfrei und wurden sorgfältig per Hand
vom angegebenen Original transkribiert. Irrtümer und Druckfehler vorbehalten.

Kein Teil vorliegenden Werkes darf in irgendeiner Form (durch Fotografie, Mikro-
film oder andere Verfahren) ohne schriftliche Genehmigung des Herausgebers
reproduziert oder unter Verwendung elektronischer Systeme verarbeitet, ver-
vielfältigt oder verbreitet werden.

ZUGRUNDELIEGENDES ORIGINAL: Bauer, Otto. *Die Sozialisierungsaktion im ersten Jahre
der Republik*. Verlag der Wiener Volksbuchhandlung, Wien 1919. Erschienen als
Heft 5 in der Reihe „12. November".
UMSCHLAGGESTALTUNG & SATZ: Thomas Gimesi
UMSCHLAGGRAFIK: iStockphoto.com

Inhaltsverzeichnis

Vorwort des Herausgebers

⌐

NACH EINEM JAHRZEHNT der Illegalität, der politischen Verfolgung und des Krieges trafen am 14. April 1945 im Roten Salon des Wiener Rathauses die Vertreter der Sozialdemokraten und der Revolutionären Sozialisten zusammen, um die Sozialistische Partei Österreichs (SPÖ) zu gründen. Das Parteiprogramm des Jahres 1926 wurde wieder in Kraft gesetzt und der Klassenkampf erneut beschworen: Enteignungen der „Kapitalistenklasse" waren genauso vorgesehen wie die Verstaatlichung der Produktionsmittel, und eine Koalition mit den bürgerlichen Parteien sollte nur von vorübergehender Natur sein.

Doch im Laufe der folgenden Jahrzehnte änderten sich, von weltpolitischen Ereignissen und nicht zuletzt von der de facto in Stein gemeißelten Koalition mit dem bürgerlich-konservativen Lager beeinflusst, die Rhetorik sowie die Prioritäten der Sozialdemokratie. Zwar folgte die Wirtschaftspolitik noch bis in die 1970er Jahre der Vorgabe, die Industrie in öffentlicher Hand zu halten und die Verstaatlichung voranzutreiben, jedoch nahm der Einfluss „linker" Positionen stetig ab — und dies nicht nur in ökonomischen Fragen. Während unter Bruno Kreisky gesellschaftspolitische Maßnahmen wie beispielsweise eine Bildungsoffensive oder die Legalisierung von Abtreibung als eindeutige Merkmale sozialdemokratischer Politik aufscheinen, rückte die SPÖ seit Mitte der 1980er Jahre kontinuierlich nach rechts. So wurden beispielsweise die Verstaatlichungen gestoppt, der Einfluss der öffentlichen Hand auf die Wirtschaft zurückgefahren und Privatisierungen von Staatsbetrieben abgewickelt — mit teilweise fragwürdigem Erfolg und bisweilen auch juristischem Nachspiel. Man näherte sich der Europäischen Union, der man aufgrund der Neutralität Österreichs bislang skeptisch gegenüberstand, und stimmte, durch das Erstarken des rechten Lagers unter Jörg Haiders Freiheitlicher Partei Österreichs (FPÖ) in die Defensive gedrängt, ebenfalls für eine „Law & Order"-Politik, die in schärferem Fremden- und Asylrecht ihren Niederschlag fand. Selbst der Name der Partei blieb nicht verschont — das „sozialistisch" wurde nach dem Zusammenbruch des Ostblocks in „sozialdemokratisch" umbenannt.

Sogar die Vereinbarkeit von Sozialdemokratie und Kapitalismus schien kein Widerspruch mehr zu sein, als Viktor Klima Ende der 1990er Jahre, wie zuvor Gerhard Schröder in Deutschland und Tony Blair in Großbritannien, einen politischen Pfad einschlug, der danach trachtete, eine rechte Wirtschaftspolitik mit einer linken Sozialpolitik zu vereinen. Selbst der Sprachgebrauch hatte sich dem wirtschaftsliberalen Diskurs angepasst, als Alfred Gusenbauer am Anfang des neuen Jahrtausends eine „solidarische Hochleistungsgesellschaft" propagierte.

Ein derart dialektisches Verhältnis der SPÖ, zwischen historisch-ideologischem Pathos inklusive kämpferischer Rhetorik einerseits und pragmatischer Realpolitik andererseits, ist rückblickend betrachtet jedoch kein neues Phänomen. Dies hatte sich bereits seit den ersten Erfolgen der österreichischen reformistischen Linken abgezeichnet. Verglichen mit anderen zeitgenössischen Sozialisten waren die Austromarxisten des frühen 20. Jahrhunderts Meister darin, Gegensätze zu synthetisieren: sie blieben stets fest in jener gesellschaftlichen Wirklichkeit verankert, welche sie in ihren Schriften und Ansprachen emphatisch bekämpften.

Die Bilanz jener Zeit fällt eindeutig aus: mehr als 70.000 ehrenamtlich tätige FunktionärInnen kümmerten sich um die Belange der 700.000 Parteimitglieder, 90 Prozent der Vertrauensleute in den Betrieben bekannten sich zur Sozialdemokratie, unzählige Vereine und Verbandsorganisationen bildeten ein geschlossenes System, das die Arbeiterbewegung politisch, wirtschaftlich und kulturell umfasste — von der sprichwörtlichen Wiege (den Kinderbetreuungsstätten der „Kinderfreunde") bis zur Bahre (zum parteinahen Beerdigungsverein „die Flamme"), von verschiedenen Arbeiter-Sportvereinen (deren Dachverband im Jahre 1910 nicht weniger als 70.000 Mitglieder zählte) bis zum kommunalen Wohnbau des „Roten Wien" mit seinen Gemeindebauten, Krankenhäusern und Freibädern. Trotz des Niedergangs des Austromarxismus, der sich bereits seit dem Ende der „österreichischen Revolution", welche dem Ersten Weltkrieg gefolgt war, abzeichnete und im Jahre 1934 mit der Niederschlagung des Aufstands besiegelt wurde, der gegen die Etablierung eines faschistischen Regimes in Österreich gerichtet war, bestehen die Errungenschaften von damals auch heute noch, gut ein Jahrhundert später. Dies gilt auch für viele Konfliktlinien mit den Konservativen, wie etwa in der Bildungspolitik.

Unzweifelhaft hatte das Denken Otto Bauers den Austromarxismus geprägt. Seine Schriften gestatten nicht nur einen Einblick in die Geisteswelt ihres Autors, sondern spiegeln auch das Bild einer Epoche wider, welches von Erfolgen der Arbeiterbewegung, jedoch auch von Fall, Verfall und Zerfall gekennzeichnet, und wohl auch auf tragische Weise, gleichsam einem schlechten Omen, symbolisch im Wappen der Sozialdemokratischen Arbeiterpartei (SDAP) — drei nach links unten weisende Pfeile — verewigt ist: dem Aufstieg der Sozialdemokratie unter den Vorzeichen einer dem Untergang geweihten Monarchie; einer dem Austromarxismus spezifischen Form von Nationalitätenpolitik; den Erfolgen der Arbeiterbewegung hinsichtlich Lohnerhöhungen, Arbeitszeitverkürzung, Gesundheitsversorgung, Arbeitslosenversicherung, Bildung und politischer Partizipation; der „gebremsten Revolution" von 1918/19 und dem folgenden Dasein als Oppositionspartei; dem Hunger und Elend der Nachkriegszeit; den Restriktionen der Siegermächte; den Auswirkungen der Weltwirtschaftskrise; der Bewaffnung der Arbeiterschaft; dem Aufstieg des Faschismus und des Bolschewismus; der Niederlage im Bürgerkrieg des Jahres 1934 und dem folgenden Verbot der Partei; der Machtübernahme der Nationalsozialisten — um nur einige Themen zu nennen.

Otto Bauer selbst scheint, als Personifikation der österreichischen Arbeiterbewegung, geradezu schicksalshaft mit deren Geschichte und jähem Ende verknüpft zu sein.

* * *

Otto Bauer erblickte am 5. September 1881 als Sohn von Philipp, einem erfolgreichen jüdischen Textilfabrikanten, und Katharina Bauer, geb. Gerber, in Wien das Licht der Welt. Wenngleich natürlich keine Gewißheit darüber herrscht, ob seine Streifzüge als Kind in der väterlichen Fabrik dazu beigetragen haben, sein Interesse schon früh für kapitalistische Produktionsprozesse sowie die Lebensbedingungen der Arbeiterschaft zu wecken, so ist der Gedanke verlockend, dass gerade durch jene Erfahrungen die Ideen des Sozialismus eine verstärkte Anziehungskraft auf ihn ausgeübt haben. Bereits als Jugendlicher hatte sich Bauer derart in die Schriften Marx' vertieft und war davon mit Begeisterung beseelt, dass er im Freundeskreis Vorträge hielt und im Alter von 19 Jahren schließlich Mitglied der Sozialdemokratischen Arbeiterpartei (SDAP) wurde. Nach kurzem Militärdienst in einem Infanterieregiment immatrikulierte Otto Bauer im Jahre 1903 an der Universität Wien und begann Nationalökonomie, Geschichte, Soziologie, Philosophie, Sprachen und — auf Wunsch seines Vaters — Rechtswissenschaften zu studieren, wobei er letzteres im Jahre 1906 mit Doktorwürden abschloss.

Seine intensiven Studien hinderten ihn jedoch nicht daran, sich politisch zu engagieren. Während seiner Studienzeit trat Bauer der „Freien Vereinigung sozialistischer Studenten" und dem „Sozialwissenschaftlichen Bildungsverein" bei, wo er die Bekanntschaft mit Persönlichkeiten schloss, die noch eine große Rolle in der Geschichte der österreichischen Sozialdemokratie spielen sollten: Karl Renner, Max Adler, Friedrich Adler und Rudolf Hilferding, mit denen er gemeinsam den Verein „Zukunft", eine Schule für Arbeiter, gründete. Auch seine publizistische Tätigkeit gewann in dieser Zeit an Schwung, als Karl Kautsky — vom jungen Otto Bauer wegen einer möglichen Veröffentlichung eines Artikels kontaktiert — ihn im Jahre 1904 zur Mitarbeit in der „Neuen Zeit", der wichtigsten Theoriezeitschrift der deutschen Sozialdemokratie, gewinnen konnte. In der Folge erschienen dort mehrere Texte Bauers, in denen er sich mit unterschiedlichsten

Themen wie etwa dem Verhältnis von Marxismus und Ethik oder dem Imperialismus auseinandersetzte. Im Jahre 1907, im Alter von nur 26 Jahren, wurde Bauers erstes großes Werk veröffentlicht, dessen kontroverse Thesen ihn schlagartig berühmt machten: „Die Nationalitätenfrage und die Sozialdemokratie".

Auch in politischer Hinsicht erwies sich das Jahr 1907 als äußerst erfolgreich. Als die österreichische Sozialdemokratie zweitstärkste Fraktion nach den Christlichsozialen aus den Wahlen hervorging und mit 87 von 516 Mandaten in den Reichstag einzog, erhielt Bauer von Victor Adler den Auftrag, das Klubsekretariat aufzubauen und wurde mit dessen Führung betraut. Des Weiteren trat er der Redaktion der „Arbeiter-Zeitung" bei und gründete gemeinsam mit Karl Renner und Adolf Braun die Monatsschrift „Der Kampf", dessen redaktionelle Leitung er übernahm.

Bauers politische Funktion bewahrte ihn jedoch nicht davor, bei Ausbruch des Ersten Weltkrieges zum Militärdienst einberufen zu werden. Als Leutnant des Infanterie-Regiments Nr. 75 wurde er an der Ostfront eingesetzt, geriet bereits früh in Kriegsgefangenschaft und verbrachte fast drei Jahre in einem Lager in Sibirien. Nach seiner Rückkehr als „Austauschgefangener", den die Oktoberrevolution aus seiner Internierung befreite, wurde Bauer im September 1917 dazu verpflichtet, im Kriegsministerium weiter seinen Dienst zu versehen. In jener Zeit intensivierte sich auch die Zusammenarbeit mit Victor Adler, dem Vorsitzenden der SDAP, und Otto Bauer wurde zu einem seiner engsten Vertrauten.

Im Gegensatz zu Karl Renner und der unter dessen Einfluss stehenden Parlamentsmehrheit, welche die Rettung Österreichs darin suchten, die Monarchie durch Reformen zu retten, erachtete Bauer derartige Bestrebungen bereits als aussichtslos. Die Auswirkungen des Krieges sowie die Revolution in Russland hätten den Wunsch der slawischen Völker nach Unabhängigkeit derart befeuert, dass nach einem Sieg der Entente diese nichts davon abhalte, sich vom Habsburgerreich loszulösen. Der Sozialdemokratie könne deshalb nur die Aufgabe zufallen, Vorbereitungen für die bevorstehende Revolution zu treffen. Je lauter die Rufe nach Autonomie innerhalb der Monarchie wurden, umso mehr erstarkte auch die Überzeugung Otto Bauers und jener, die seinen Standpunkt teilten. Zu Beginn des Jahres 1918 wurde das „Nationalitätenprogramm der Linken" verlesen, in der gefordert wurde, konstituierende Nationalversammlungen der einzelnen Nationen Österreiches einzuberufen. Trotz der sich weiter verschärfenden politischen Situation lehnte indes die Mehrheit des Parteitages einen derartigen Vorstoß ab. Als Ende 1918 die Donaumonarchie endgültig zerbrach und Victor Adler, der designierte Außenminister des neuen Staates, am 11. November, dem Vorabend der Ausrufung der Republik, unerwartet verstarb, übernahm Bauer die Leitung des Außenamtes. Damals schien — für sämtliche Parteien — der Anschluss an Deutschland als einzig gangbarer Weg, um Österreich nach dem Abfall der nicht-deutschen Nationen vom ehemaligen Habsburgerreich das Überleben zu sichern. Es herrschte die Überzeugung, dass das kleine, übriggebliebene „Rest-Österreich", auf sich alleine gestellt wirtschaftlich nicht überlebensfähig sei.

Nach nur wenigen Monaten im Amt, nachdem Initiativen für den Anschluss an Deutschland durch die Siegermächte abgewiesen und letztlich mit dem Vertrag von St. Germain zu Grabe getragen worden waren, trat Otto Bauer im Juli 1919 zurück. Bauer übernahm nun die Führungsfunktion der Partei und blieb ihr auch nach seinem Ausscheiden aus der Regierung als brillanter Rhetoriker und Publizist erhalten. Ebenfalls zu dieser Zeit setzte sich Bauer für die Wiener Arbeitsgemeinschaft Sozialistischer Parteien (auch bekannt unter der Bezeichnung „Internationale Zweieinhalb") ein, die einerseits aus der II. Internationale wegen dem gehaltenen „Burgfrieden" — dem Zurückstellen innenpolitischer und wirtschaftlicher Konflikte während des Krieges — ausgetreten waren, jedoch andererseits davon Abstand nahmen, Teil der Kommunistischen Internationale zu werden, da sie nicht gewillt waren, die dominante Rolle der Bolschewiki zu akzeptieren.

Am 3. November 1926 beschloss die SDAP ein wegweisendes Parteiprogramm, das „Linzer Programm", welches unter der Federführung von Otto Bauer entstanden war. Die darin enthaltene kämpferische Rhetorik, besonders jener Abschnitt zur „Diktatur der Arbeiterklasse", welche u.a. dann angewendet werden sollte, wenn sich die Bourgeoisie mithilfe ausländischer Kräfte der Revolution zu widersetzen beabsichtigte, führten schließlich dazu, dass sich die politischen Fronten innerhalb der Ersten Republik noch weiter verhärteten.

Trotz seines Ansehens geriet Bauer in den folgenden Jahren zusehends ins Kreuzfeuer der Kritik. Insbesondere nach der Ausschaltung des Parlaments im Jahre 1933 und der Errichtung des austrofaschistischen Ständestaats bot sein übervorsichtiges Verhalten Kritikern eine große Angriffsfläche: kein Generalstreik wurde nach der Ausschaltung des Parlaments ausgerufen; selbst als der sozialdemokratische Schutzbund verboten wurde, zögerte Bauer mit seinen Entscheidungen; wenn Taten gesetzt wurden, erfolgten diese zu spät, um noch etwas ausrichten zu können.

Nachdem der Schutzbund in den Februaraufständen 1934 durch das autoritäre Dollfuß-Regime in mehrtägigen Kämpfen niedergerungen worden war, flüchtete Bauer auf Anraten von Parteigenossen in die damalige Tschechoslowakei nach Brno (Brünn). Von dort setzte er seine politische Arbeit fort, etablierte das Auslandsbüro der österreichischen Sozialdemokraten (ALÖS) und publizierte weiterhin für die Monatsschrift „Der Kampf" sowie die „Arbeiter-Zeitung", welche trotz Verbots in Österreich unter der Hand Verbreitung fanden.

Im März 1938 traf Otto Bauer in Brüssel mit Friedrich Adler und Joseph Buttinger zusammen, um die Zusammenlegung des ALÖS und des Parteipräsidiums der Revolutionären Sozialisten, deren Vorsitzender Buttinger war, zu besprechen. Am 4. Juli 1938, nur wenige Monate nach dem Anschluss Österreichs an Hitler-Deutschland und vor Beginn des Zweiten Weltkrieges, den er in seinem letzten zu Lebzeiten erschienenen Werk „Zwischen zwei Weltkriegen?" vorhersah, verstarb Otto Bauer in Paris an einem

Herzinfarkt und wurde auf dem Pariser Friedhof „Père Lachaise", gegenüber dem Denkmal für die Kämpfer der Pariser Kommune, beigesetzt. Im Jahre 1948 wurde die Urne Otto Bauers nach Wien überstellt und schließlich am 12. November 1959 in ein Ehrengrab am Wiener Zentralfriedhof umgebettet.

***

Worin besteht die Faszination, welche nach Jahrzehnten weitgehender Vergessenheit von Bauers Schriften ausgeht? Im Gegensatz zu den meisten reformistischen Politikern waren die Austromarxisten keine reinen Pragmatiker, sondern darauf bedacht, ihre Politik theoretisch zu untermauern und die „marxistische Mitte", zu der sie sich zugehörig fühlten, gegen rechte (reformistische) sowie linke (bolschewistische) Strömungen abzusichern. Gerade das Bestreben, einen „Dritten Weg" zwischen Reform und Revolution zu suchen, und eine gemeinsame Basis der zersplitterten Linken, zwischen sozialdemokratischen und anderen linken Parteien zu finden, ist damals wie heute so verlockend wie dringend notwendig.

Nicht zuletzt ist es Otto Bauers Scharfsinn und Talent zu verdanken, Probleme der Tagespolitik im Detail zu analysieren, diese dann in einen größeren Zusammenhang einzubetten und komplexe Sachverhalte in einer verständlichen Sprache zu behandeln, dass selbst nach so vielen Jahren seine Schriften nichts an ihrer Wirkkraft eingebüßt haben.

Interessierten LeserInnen standen bislang nur wenige Möglichkeiten offen, sich mit Otto Bauers Schriften zu befassen. Einige Originalexemplare finden sich noch in Bibliotheken, doch selbst die käuflich zu erwerbenden Exemplare der Werkausgabe, welche erst im Jahre 1975 — knapp 40 Jahre nach seinem Tod — erschienen ist, sind lediglich über Antiquariate und zum Teil nur unter beträchtlichen Kosten zu beziehen. Diesem Umstand Rechnung tragend, habe ich mich dazu entschlossen, ausgewählte Schriften Otto Bauers in modern aufbereiteter Form und als erschwingliche Paperback-Ausgaben zu veröffentlichen.

Die Orthographie des jeweiligen Originals wurde unverändert übernommen, korrigierend wurde nur dort eingegriffen, wo im Drucksatz der damaligen Produktion offensichtliche Fehler oder eingeschränkte Möglichkeiten, z.B. bei großgeschriebenen Umlauten, vorliegen. Fußnoten wurden vereinheitlicht, gesperrte Wörter kursiv gesetzt sowie bei manchen Werken umfangreichere Literaturangaben an das Ende des Buches gesetzt. Zur besseren Orientierung und um das Zitieren gemäß den Originaltexten zu ermöglichen, wurde das Ende einer Seite im Original in Randnoten vermerkt — so kennzeichnet beispielsweise die Ziffer 32 den Umbruch von Seite 32 auf Seite 33 in der zugrundeliegenden Ausgabe. Sämtliche Texte wurden manuell transkribiert und mehrfach mit dem Original verglichen. Sollten sich dennoch Fehler eingeschlichen haben, trage ich hierfür die alleinige Verantwortung.

Thomas Gimesi
WIEN, 3. SEPTEMBER 2017

VERWENDETE QUELLEN & WEITERFÜHRENDE LITERATUR

- Albers, Detlev; Heimann, Horst; Saage, Richard (Hrsg.): Otto Bauer – Theorie und Politik. Argument Verlag, Berlin 1985.
- Das Rote Wien: Weblexikon der Wiener Sozialdemokratie.
  http://www.dasrotewien.at/bauer-otto.html
- Deutsch, Julius: Otto Bauer (Kurzbiographie). In: Neue Österreichische Biographie, Band 10, S. 209–218. Amalthea Verlag, Zürich–Leipzig–Wien 1957.
- Hanisch, Ernst: Der große Illusionist: Otto Bauer (1881–1938). Böhlau, Wien 2011.
- Leichter, Otto: Otto Bauer. Tragödie oder Triumph. Europa Verlag, Wien 1970.
- Leser, Otto: Zwischen Reformismus und Bolschewismus. Der Austromarxismus als Theorie und Praxis. Europa Verlag, Wien 1968.
- Löw, Raimund; Mattl, Siegfried; Pfabigan, Alfred (Hrsg.): Der Austromarxismus – Eine Autopsie. isp-Verlag, Frankfurt am Main 1986.
- Maderthaner, Wolfgang: Der große Theoretiker der Sozialdemokratie. In: Österreich-Magazin, 3/2011.
  http://www.dasrotewien.at/bilder/d278/Oemag_03_2011_ansicht_15.pdf
- SPÖ/Renner Institut: Rot Bewegt – Geschichte der österreichischen Sozialdemokratie.
  https://rotbewegt.at/#/epoche/1889-1918/artikel/austromarxismus
- Wien Geschichte Wiki: Otto Bauer.
  https://www.wien.gv.at/wiki/index.php/Otto_Bauer

Politische und soziale Revolution

~

DIE REVOLUTION DES Oktober und November 1918 war eine nationale und eine politische Revolution. Eine *nationale* Revolution: sie setzte national einheitliche Staaten an die Stelle der habsburgischen Zwangsmonarchie. Eine *politische* Revolution: sie setzte die demokratische Republik an die Stelle des monarchisch-militärischen Obrigkeitsstaates. Aber die nationale und politische Revolution weckte den Willen zur *sozialen* Revolution. Der Kaiser war davongejagt; sollte der Fabrikant weiter herrschen? Die Krone, der Generalstab, die Bürokratie waren gestürzt; sollten die Arbeitermassen die Herrschaft der Bourgeoisie weiter ertragen? Die politische Unterdrückung war überwunden; mußte jetzt nicht auch die wirtschaftliche Ausbeutung fallen?

Die ersten Wochen nach dem Umsturz füllte politische Arbeit: der neue Staat mußte aufgebaut werden und sich seine grundlegenden Institutionen schaffen. Dann marschierten die Klassen zu dem großen Wahlkampfe auf; er endete am 16. Februar 1919 mit einem großen Siege der Arbeiterklasse. Jetzt war das soziale Problem auf die Tagesordnung gestellt. Die Massen drängten nach der Sozialisierung der Industrie, des Bergbaues, der großen Land- und Forstgüter. Da und dort griffen sie selbst zur Gewalt, bemächtigten sie sich ohne gesetzliche Vollmacht einzelner Betriebe. Durch die Bewegung der Massen selbst war die Gesetzgebung vor das Problem der Sozialisierung gestellt.

Aber so stark auch das Drängen nach der Sozialisierung im Inlande war, durften wir uns doch nicht darüber täuschen, daß die Entscheidung über das Schicksal der kapitalistischen Gesellschaftsordnung nicht in Deutschösterreich fallen kann, sondern

in den großen hochkapitalistischen Ländern fallen muß. Deutschösterreich ist ein kleines, ohnmächtiges, wirtschaftlich auf frem-
de Hilfe angewiesenes Land. Es könnte als sozialistische Insel
in einer kapitalistischen Welt nicht bestehen. Der Gang der Sozialisierung in Deutschösterreich ist daher bedingt durch die
Entwicklung der Klassenkämpfe zwischen Kapital und Arbeit in
den großen kapitalistischen Ländern.

In den ersten Wochen nach der Wahl der konstituierenden
Nationalversammlung erschien diese Entwicklung überaus hoff-
nungsvoll. Im *Deutschen Reiche* drängten die Arbeitermassen stür-
misch nach der Sozialisierung. Große Massenaufstände erschüt-
terten das Reich. Die Regierung verhieß in Aufrufen, die im ganzen Reiche plakatiert wurden, eine schnelle und energische Sozialisierungsaktion. In *Ungarn* wurde die Regierung Karolyi von
der Diktatur der Arbeiterräte abgelöst, die sofortige Expropriation der Fabriken, der Bergwerke und des großen Grundbesitzes
dekretiert. In der *Tschechoslowakei* und in *Polen* wurden große
Agrarreformen, die Enteignung des großen Grundbesitzes ange-
kündigt. Aber auch im Lager der *Ententemächte* wurden Bewegun-
gen bemerkbar, die den Ausbruch einer sozialen Revolution in
den Bereich des Möglichen zu rücken schienen. Die französische
Armee, unzufrieden mit der Verzögerung der Demobilisierung,
schien von einer revolutionären Gärung | erfaßt; am Balkan, in
Südrußland, auch am Rhein waren Zeichen der Auflösung der Dis-
ziplin zu beobachten. Auch in englischen Lagern demonstrierten
Soldaten gegen den Aufschub ihrer Demobilisierung. So waren
überall Zeichen tiefer sozialer Gärung, schwerer Erschütterung
der kapitalistischen Ordnung zu sehen. Unsere Aufgabe war es,
diese europäische Situation in unserem Lande für die Sache des
Sozialismus auszunützen.

Die Sozialisierungskommission

~

ZUNÄCHST WURDE DURCH das Gesetz vom 14. März 1919 eine Reihe allgemeiner Grundsätze über die Sozialisierung festgelegt. Das Gesetz stellt fest, daß aus Gründen des öffentlichen Wohles Wirtschaftsbetriebe zugunsten des Staates, der Länder und der Gemeinden *enteignet* werden und öffentlich-rechtlichen Körperschaften zur Verwaltung übertragen werden können. Weiter kündigt das Gesetz an, daß die *Vertretung der Angestellten und Arbeiter in der Verwaltung* der Wirtschaftsbetriebe, in denen sie beschäftigt sind, durch ein besonderes Gesetz gewährleistet werden solle. Zur Vorbereitung der Gesetze, durch welche diese allgemeinen Grundsätze verwirklicht werden sollen, wird eine besondere Kommission, die *Staatskommission für Sozialisierung*, eingesetzt. Der Präsident dieser Kommission wird von der Nationalversammlung gewählt und er hat die Rechte und die Verantwortung eines Staatssekretärs.

Die Sozialisierungskommission begann sofort ihre Arbeit. In kurzer Zeit wurden vier Gesetzentwürfe ausgearbeitet und am 24. April der Nationalversammlung vorgelegt. Es waren dies: 1. der Gesetzentwurf über die *Betriebsräte*, 2. der Gesetzentwurf über die *gemeinwirtschaftlichen Unternehmungen*, 3. der Gesetzentwurf über die *Enteignungen* von Wirtschaftsbetrieben, 4. der Gesetzentwurf über die *Kommunalisierung* von Wirtschaftsbetrieben.

In der Nationalversammlung waren diese Gesetzentwürfe Gegenstand langwieriger Beratungen und schwerer Kämpfe. Die ersten drei Gesetzentwürfe sind, wenngleich mit wesentlichen Änderungen, zu Beschlüssen erhoben worden und haben bereits

Gesetzeskraft erlangt. Der vierte Gesetzentwurf, der über die Kommunalisierung, ist von der Nationalversammlung noch nicht erledigt worden.

Das Gesetz über die Betriebsräte

⌒

D AS WICHTIGSTE ERGEBNIS dieser parlamentarischen Arbeit
ist das Gesetz vom 15. Mai 1919 über die Betriebsräte. Das
Gesetz bestimmt, daß in allen fabrikmäßigen Betrieben sowie in
allen anderen Betrieben, in denen wenigstens zwanzig Arbeiter
oder Angestellte dauernd beschäftigt sind, *Betriebsräte* der Arbeiter und Angestellten geschaffen werden. In Betrieben mit fünf
bis zwanzig Arbeitskräften werden *Vertrauensmänner* gewählt, die
im allgemeinen dieselben Rechte haben wie die Betriebsräte.

Ausgenommen von der Geltung des Gesetzes ist nur die *Landwirtschaft*; die Einführung von Betriebsräten in den landwirtschaftlichen Betrieben ist an dem hartnäckigen Widerstande
der christlichsozialen und großdeutschen Agrarier gescheitert.
Doch werden in *industriellen Nebenbetrieben* der Landwirtschaft
und in den *forstwirtschaftlichen* Betrieben die Betriebsräte ebenso
gewählt und mit den gleichen Rechten ausgestattet wie in der
Industrie. |

Durch dieses Gesetz ist zunächst die alte Forderung der Arbeiterschaft nach der gesetzlichen Anerkennung ihrer Vertrauensmänner erfüllt worden. Es ist nun durch das Gesetz festgelegt,
daß der Unternehmer nicht selbstherrlich über Fragen des Lohn-
und Arbeitsverhältnisses entscheiden darf, sondern die Rege-
lung des *Arbeits- und Lohnverhältnisses* in allen Einzelheiten mit
dem Betriebsrat vereinbaren muß. Die *Arbeitslöhne*, insbesondere
auch die Geding-, Stück- und Akkordlöhne und die *Arbeitsord-
nung* können, soweit sie nicht durch kollektive Arbeitsverträge
zwischen den Gewerkschaften und den Unternehmerverbänden
geregelt sind, nur vom Unternehmer mit dem Betriebsrat verein-

bart werden. *Disziplinarstrafen* können nicht mehr vom Betriebs-
leiter eigenmächtig verhängt werden, sondern nur von einem
Ausschuß, in den der Betriebsinhaber und der Betriebsrat je einen
Vertreter entsenden. Die *Lohnlisten* und die *Lohnauszahlung* sind
von den Betriebsräten zu kontrollieren. Die Betriebsräte haben
die Durchführung der *Arbeiterschutzgesetze* zu überwachen und
bei den Erhebungen der *Gewerbeinspektoren* mitzuwirken. Die Betriebsräte können die *Kündigung* oder *Entlassung* eines Arbeiters
oder Angestellten vor dem Einigungsamte mit der Begründung
anfechten, daß sie aus politischen Gründen oder wegen der Aus-
übung des Vereins- oder Koalitionsrechtes erfolgt ist; damit sind
Maßregelungen verhindert. Noch wirksamer werden die Mitglieder der Betriebsräte selbst und die Vertrauensmänner in den
Kleinbetrieben gegen *Maßregelungen* geschützt; ihre Entlassung
ist nur mit Zustimmung des Einigungsamtes zulässig. Auf diese Weise sichert das Gesetz den Arbeitern und Angestellten ein
weitgehendes Mitbestimmungsrecht in allen Angelegenheiten
des Arbeitsverhältnisses.

Aber das Gesetz geht noch weiter. Es gibt des Arbeitern und
Angestellten das Recht und die Möglichkeit, nicht nur die soziale, sondern auch die *kaufmännische* und *technische Führung der
Betriebe* zu kontrollieren und zu beeinflussen. Der Betriebsinhaber ist auf Verlangen des Betriebsrates verpflichtet, mit dem
Betriebsrat allmonatlich *gemeinsame Beratungen* über die allgemeinen Grundsätze der Betriebsführung abzuhalten. In Industrieun-
ternehmungen und in größeren Handelsunternehmungen muß
der Betriebsinhaber dem Betriebsrat alljährlich die *Bilanz* des
Unternehmens, den Gewinn- und Verlustausweis und lohnsta-
tistische Aufstellungen vorlegen. Noch weiter geht das Recht
des Betriebsräte in denjenigen Betrieben, welche von Aktiengesellschaften und von größeren Gesellschaften mit beschränkter
Haftung betrieben werden. In diesen Unternehmungen haben
die Betriebsräte das Recht, zwei *Vertreter in den Verwaltungs- oder
Direktionsrat* zu entsenden, die mit gleichen Rechten wie die anderen Verwaltungsratsmitglieder unmittelbar an der Verwaltung

der Unternehmen teilnehmen. Ist auf diese Weise heute schon der Arbeiterschaft ein Anteil an der Verwaltung und Geschäftsführung der Industrie gesichert, so liegt doch die Bedeutung dieser Bestimmungen vornehmlich darin, daß die Arbeiterschaft auf diese Weise die Möglichkeit erlangt, allmählich einen Stab von Vertrauensmännern heranzuziehen, die in die technische und kaufmännische Führung der Betriebe Einblick erlangen, durch ständige Beschäftigung mit der Führung industrieller Unternehmungen die notwendigen Kenntnisse und Erfahrungen erwerben und auf diese Weise allmählich die Fähigkeiten erlangen werden, sozialisierte Industriezweige zu leiten.

Der Kapitalismus hat den Arbeitsprozeß in lauter Teilarbeiten aufgelöst. Jeder einzelne Arbeiter ist jahraus, jahrein mit derselben geistlosen Teilarbeit beschäftigt. Er kennt kaum die Teilarbeit, die sein nächster | Arbeitskollege zu leisten hat. Er 5 hat keine Übersicht über die Gesamtheit des Arbeitsprozesses, keine Kenntnis der Technik des gesamten Betriebes. Noch weniger weiß der Arbeiter von der geschäftlichen, kaufmännischen Leitung der Unternehmungen. Er kennt nicht die Bezugsquellen der Rohstoffe, nicht die Absatzgebiete der Arbeitsprodukte. Er versteht die Buchhaltung nicht. Die Bilanz kann er nicht lesen. Indem der Kapitalismus die Arbeiter zu bloßen Arbeitsinstrumenten herabgewürdigt hat, hat er sie unfähig gemacht, ihre eigene Arbeit zu leiten. Er hat jene Kenntnisse und Fähigkeiten, die die Leitung der gesellschaftlichen Arbeit erfordert, ebenso monopolisiert wie das Eigentum an den Arbeitsmitteln. Dieses Monopol muß gebrochen werden, wenn die Sozialisierung möglich werden soll. Erst wenn die Arbeiterschaft aus sich heraus einen Stab von Vertrauensmännern hervorbringt, der fähig ist, die Leitung der Betrieben zu übernehmen, ohne daß dadurch die Produktion zerstört wird, erst dann ist der Kapitalist wirklich überflüssig geworden, erst dann hat er keine Funktion im Betriebe mehr zu erfüllen, erst dann kann er aus dem Betriebe hinausgeschleudert werden. Darum ist die erste Aufgabe einer planmäßigen Sozialisierungsaktion, der Arbeiterschaft die Möglichkeit zu bieten, den

Stab von Vertrauensmännern heranzuziehen, der dereinst die sozialisierte Industrie zu leiten und zu verwalten fähig sein soll. Diese Aufgabe erfüllt das Gesetz über die Betriebsräte. Indem es den Betriebsräten das Recht gibt, mit dem Unternehmer gemeinsam über die Geschäftsführung zu beraten und in die Bilanzen und Gewinn- und Verlustausweise des Unternehmers Einblick zu nehmen; indem es in der eigentlichen Großindustrie, die ja zumeist in den Händen von Aktiengesellschaften ist, Vertreter der Betriebsräte unmittelbar in die Verwaltungsräte beruft, gibt es den Arbeitern und Angestellten die Möglichkeit, jene Kenntnisse, Erfahrungen und Fähigkeiten zu erwerben, die der Kapitalismus der Arbeiterschaft bisher vorenthalten hat, ohne die sie aber die Leitung der Betriebe nicht zu übernehmen vermöchte. Gewiß werden die Betriebsräte zunächst nicht immer, nicht überall imstande sein, ihre neuen Rechte auszunützen. Sie werden die Verschleierungen und Verhüllungen in den ihnen vorgelegten Bilanzen nicht durchschauen, die Rechte der Verwaltungsratsmitglieder in den Aktiengesellschaften gegen weit erfahrenere, weit geriebenere Vertreter der Aktionäre nicht zu gebrauchen verstehen. Aber was sie zunächst noch nicht können, werden sie in der Praxis allmählich lernen. Auf diese Weise wird durch die Betriebsräte ein Erziehungswerk vollbracht werden, das die wichtigste Voraussetzung wirtschaftlicher Sozialisierung ist.

Das Gesetz über die gemeinwirtschaftlichen Unternehmungen

~

AS GESETZ ÜBER DIE Betriebsräte erzieht die Arbeiterschaft
zur Mitbestimmung in den Betrieben und schafft dadurch
die psychologischen Voraussetzungen der Sozialisierung. Gleichzeitig ging unsere Gesetzgebung aber auch daran, neue Rechtsformen für sozialisierte Unternehmungen zu finden und damit
die juristischen Voraussetzungen der Sozialisierung zu schaffen.
Diesem Zwecke dient das Gesetz vom 29. Juli 1919 über die gemeinwirtschaftlichen Unternehmungen.

Bisher kannten wir nur zwei Formen von Unternehmungen:
einerseits die kapitalistische Unternehmung, anderseits den bürokratisch verwalteten Staats- und Gemeindebetrieb. Die sozialisierte Unternehmung soll keine kapitalistische Unternehmung
mehr, aber sie soll auch nicht ein bürokratisch geleiteter Staats-
oder Gemeindebetrieb mehr sein. Sie soll verwaltet werden vom
Staat oder von der *Gemeinde* gemeinsam mit den *Ar-* | *beitern* und   6
Angestellten, die in ihren Betrieben arbeiten, und mit den *Verbrauchern*, für die ihre Betriebe arbeiten. Eine solche Unternehmungs-
form zu schaffen, ist die Aufgabe des neuen Gesetzes.

Das Gesetz unterscheidet zwei Formen gemeinwirtschaftlicher
Unternehmungen: 1. die *gemeinwirtschaftlichen Anstalten* und 2. die
Aktiengesellschaften gemeinwirtschaftlichen Charakters und Gesellschaften mit beschränkter Haftung (*G.m.b.H.*) gemeinwirtschaftlichen Charakters.

Die *gemeinwirtschaftliche Anstalt* ist die vollständig sozialisierte
Unternehmung. Hier ist das Privatkapital vollständig ausgeschal-
tet. Die gemeinwirtschaftliche Anstalt wird vom Staate, von ei-

nem Lande oder einer Gemeinde errichtet. Sie hat den Charakter
einer juristischen Person. Sie wird geleitet von der *Anstaltsversammlung.* Die Anstaltsversammlung besteht aus Vertretern der
gründenden Körperschaft (des Staates, des Landes oder der Gemeinde), der *Betriebsräte* der Arbeiter und Angestellten, die in den
Betrieben der Anstalt arbeiten, und der Organisationen der *Ab-
nehmer* der Erzeugnisse der Anstalt. Die Anstaltsversammlung
bestellt die Geschäftsleitung. Zur Überwachung der Tätigkeit der
Anstalt besteht ein Überwachungsausschuß, der aus Bevollmächtigten der gründenden Gebietskörperschaft zusammengesetzt
wird.

Von dem *Reingewinn* jeder gemeinwirtschaftlichen Anstalt fällt
zunächst ein Teil den Arbeitern und Angestellten zu. Die Hälfte
des Anteiles der Arbeiter und Angestellten wird auf Grund von
Beschlüssen der Betriebsräte für Wohlfahrtszwecke verwendet.
Die andere Hälfte wird zu einer zu schaffenden Gemeinschaftskas-
se für die Arbeiter und Angestellten aller gemeinwirtschaftlichen
Anstalten zugeführt. Der Rest des Reingewinnes der gemeinwirtschaftlichen Anstalt fällt den gründenden Körperschaften zu.

Neben den gemeinwirtschaftlichen Anstalten, in denen das
Privatkapital keinen Raum mehr hat, läßt das Gesetz auch *Aktiengesellschaften* und *G.m.b.H. gemeinwirtschaftlichen Charakters* zu,
in denen Macht und Gewinn zwischen dem Privatkapital, den
öffentlich-rechtlichen Körperschaften und den Arbeitern und
Angestellten geteilt sind. Im Vorstande jeder Aktiengesellschaft
gemeinwirtschaftlichen Charakters und im Aufsichtsrat jeder
G.m.b.H. gemeinwirtschaftlichen Charakters müssen die Vertreter der öffentlich-rechtlichen Körperschaft (Staat, Land oder Gemeinde) mit den Vertretern der Betriebsräte der Arbeiter und
Angestellten zusammen die *Hälfte* der Stellen besetzen; nur die andere Hälfte bleibt den Vertretern der Aktionäre, beziehungsweise
Gesellschafter vorbehalten. Vom Reingewinn muß ein Teil den
Arbeitern und Angestellten zufallen; der Rest wird zwischen den
Aktionären, beziehungsweise Gesellschaftern und der öffentlich-
rechtlichen Körperschaft geteilt.

Der § 37 des Gesetzes verfügt, daß der Staat bei der *Neugründung von Aktiengesellschaften* und *G.m.b.H.* eine Beteiligung am Gesellschaftskapital bis zur Hälfte verlangen kann; wo die Staatsverwaltung von diesem Rechte Gebrauch macht, wird die neugegründete Unternehmung als Gesellschaft gemeinwirtschaftlichen Charakters begründet. Überdies enthält der § 37 auch eine Bestimmung, die die allmähliche Verwandlung bestehender Gesellschaften in solche gemeinwirtschaftlichen Charakters ermöglicht. Infolge der Geldentwertung sind nämlich die meisten Aktiengesellschaften gezwungen, ihr Aktienkapital zu erhöhen, um sich das notwendige Betriebskapital zu beschaffen. Der § 37 bestimmt nun, daß die Staatsverwaltung bei *Kapitalserhöhungen* aller Aktiengesellschaften und G.m.b.H. die neu ausgegebenen Aktien, beziehungsweise Gesellschaftsanteile so lange beanspruchen kann, bis ihre Beteiligung die Hälfte des gesamten Gesellschaftskapitals erreicht. | 7

Das Gesetz über die gemeinwirtschaftlichen Unternehmungen hat mithin eine doppelte Bedeutung. Einerseits legt es die Rechtsformen fest, in denen sozialisierte Unternehmungen betrieben werden sollen, und zwar die Rechtsform der gemeinwirtschaftlichen Anstalt für vollständig sozialisierte Unternehmungen und die Rechtsform der Aktiengesellschaft oder G.m.b.H. gemeinwirtschaftlichen Charakters für Unternehmungen, die zunächst nur teilweise sozialisiert werden sollen. Anderseits gibt das Gesetz durch die Bestimmungen des § 37 der Staatsverwaltung die Möglichkeit, privat-kapitalistische Unternehmungen allmählich in teilweise sozialisierte Unternehmungen zu verwandeln.

Das Erstarken der Widerstände gegen die Sozialisierung

~

IM FRÜHLING 1919 war die allgemeine europäische Lage der Sozialisierungsaktion günstig; diese günstige Lage haben wir zur Schaffung des Gesetzes über die Betriebsräte und des Gesetzes über die gemeinwirtschaftlichen Unternehmungen ausgenützt. Indessen aber hat sich die allgemeine europäische Lage wesentlich verschlechtert.

Zunächst kam im *Deutschen Reiche* der Rückschlag. Seit den Berliner Straßenkämpfen im Jänner hat die deutsche Regierung die Reichswehr geschaffen, die bald stark genug wurde, die deutsche Arbeiterklasse niederzuhalten. Große Aufstände wurden gewaltsam niedergeworfen. Das Proletariat wurde in die Defensive gedrängt. Von der noch anfangs März verheißenen Sozialisierungsaktion war sehr bald keine Rede mehr. In *Ungarn* erlag die Rätediktatur nach wenigen Wochen dem Widerstande der Bauernschaft im eigenen Lande und dem bewaffneten Angriff der Ententemächte. In den *Ententeländern* selbst wurde die Demobilisierung beschleunigt. Die Armeen, in denen sich im Frühjahr infolge der Verzögerung der Demobilisierung Symptome revolutionärer Gärung gezeigt hatten, wurden demobilisiert, ehe es zu revolutionären Ausbrüchen kam. Mit der Demobilisierung der Armeen war der Ententekapitalismus von der unmittelbaren Gefahr einer revolutionären Erhebung in seinen Ländern befreit. Die Schwäche des Proletariats in den Ententeländern zeigte das Mißlingen des geplanten Generalstreiks am 21. Juli. So ging infolge der Ereignisse in Deutschland, in Ungarn und in den Ententeländern eine reaktionäre Welle über ganz Europa. In der

Tschechoslowakei und in *Polen* wurde die prinzipiell beschlossene
Agrarreform nicht durchgeführt. In *Deutschösterreich* erstarkte
der Widerstand der besitzenden Klassen gegen die Sozialisierung.
Nicht nur in der Bourgeoisie, sondern auch in der Bauernschaft
fand die Agitation gegen die Sozialisierung empfänglichen Boden. In den *Ländern* gewann die Los-von-Wien-Bewegung immer
größere Kraft. Die Landesregierungen der Alpenländer wurden
zu den Mittelpunkten des Widerstandes gegen die Aktion des
Sozialismus.

Aber nicht nur die inneren Widerstände gegen die Sozialisierung sind infolge der Veränderung der allgemeinen europäischen
Lage wesentlich erstarkt. Auch die objektive Möglichkeit der Sozialisierung ist infolge der veränderten europäischen Lage wesentlich beeinträchtigt. Die Bemühungen Deutschösterreichs,
seinen *Anschluß an Deutschland* durchzusetzen, sind gescheitert.
Der Friede von St. Germain verwehrt uns den Anschluß ohne
Zustimmung des Völkerbundes. Da wir uns Deutschland nicht
anschließen, aus eigener Kraft aber nicht leben können, sind
wir in die drückende *Abhängigkeit vom Ententekapital* geraten. Wir
können nicht leben, wenn die Entente uns nicht große *Kredite*
zur Beschaffung von Lebensmitteln und Rohstoffen gewährt. Das
Ententekapital gibt uns aber diese Kredite nicht anders als gegen
Sicherstellung | auf unserem Boden und gegen Beteiligung an   8
unseren Unternehmungen. Es gibt uns die Kredite nicht, wenn
diese Sicherstellungen und Beteiligungen durch eine Gesetzgebung entwertet werden, die das kapitalistische Eigentum mit
der Enteignung bedroht. Eine Sozialisierungsgesetzgebung, die
den Staat zur Enteignung kapitalistischer Unternehmungen ermächtigt, könnte daher die Beschaffung von Lebensmittel- und
Rohstoffkrediten in den Enteländern erschweren. So ist mit
der Entscheidung über den Anschluß an Deutschland zunächst
auch die Entscheidung über den Fortgang der Sozialisierungsaktion gefallen. Die Verweigerung des Anschlusses hat unsere
Abhängigkeit von dem Privatkapital der Enteländer überaus
vergrößert und damit auch der gegen das privatkapitalistische

Eigentum auf unserem Boden gerichteten Aktion die größten Hindernisse bereitet.

Die Folgen dieser veränderten europäischen Lage haben sich im weiteren Verlaufe der Sozialisierungsaktion sehr bald gezeigt.

Das Gesetz über die Enteignung von Wirtschaftsbetrieben

~

IM APRIL HATTE die Sozialisierungskommission der National-versammlung gleichzeitig mit den Gesetzentwürfen über die Betriebsräte und über die gemeinwirtschaftlichen Unternehmungen auch einen Gesetzentwurf über die Enteignung von privaten Wirtschaftsbetrieben vorgelegt. Nach diesem Gesetzentwurf sollte die *Regierung* das Recht haben, durch einfachen *Beschluß* die Enteignung einer Unternehmung zugunsten des Staates, eines Landes, einer Gemeinde oder einer gemeinwirtschaftlichen Unternehmung anzuordnen. Als in Budapest und in München die Rätediktatur proklamiert worden war, hatten auch die bürgerlichen Mitglieder der Sozialisierungskommission diesem Vorschlage zugestimmt. Als aber in ganz Europa die reaktionäre Wendung eingetreten war, erhob sich in der Nationalversammlung gegen diesen Gesetzentwurf ein unüberwindlicher Widerstand.

Der Widerstand der Bourgeoisie gegen den Gesetzentwurf wurde durch die fortschreitende *Geldentwertung* überaus gestärkt. Nach dem Gesetzentwurfe sollten die enteigneten Unternehmer eine Entschädigung in Schuldverschreibungen bekommen. Der Unternehmer hätte also für sein Eigentum den Anspruch auf einen steten jährlichen Bezug, auf eine feste Rente eingetauscht. Aber selbst wenn der in solchen Teilschuldverschreibungen geleistete Entschädigungsbetrag dem gegenwärtigen Werte der enteigneten Unternehmung voll entspricht, droht dem Enteigneten doch ein schwerer Verlust, wenn mit der Entwertung des Geldes auch der Wert der Entschädigungsrente sinkt. Die Tatsache, daß die Beratung des Gesetzentwurfes in eine Zeit überaus

schneller Entwertung der Krone fiel, hat daher den Widerstand
der besitzenden Klassen gegen den Gesetzentwurf wesentlich
verstärkt.

Aber auch gewichtige volkswirtschaftliche Erwägungen wurden gegen den Gesetzentwurf geltend gemacht. Unsere Industrie
kann sich ausländische Rohstoffe nicht beschaffen, wenn sie nicht
Kredit im Auslande erlangt. Man befürchtete nun, daß keine Pri-
vatunternehmung mehr Kredit im Auslande finden werde, wenn
ein Gesetz geschaffen wird, nach dem jede industrielle Unternehmung enteignet werden kann, wann immer es der Staatsregie-
rung beliebt.

Aus diesen Gründen hat die Nationalversammlung den Gesetzentwurf der Sozialisierungskommission wesentlich umgearbei-
tet. Nach den Beschlüssen der Nationalversammlung kann die
Enteignung von Unternehmungen nicht auf Beschluß der Staats-
9 regierung erfolgen, sondern nur auf Grund von | besonderen
Gesetzen. Das Gesetz vom 30. Mai 1919 ermächtigt die Regierung
nicht zur Enteignung von Wirtschaftsbetrieben, sondern es ord-
net nur an, welches *Verfahren* bei der Übernahme enteigneter
Wirtschaftsbetriebe und bei der Bemessung des Entschädigungs-
betrages anzuwenden ist, *wenn* durch ein besonderes Gesetz die
Enteignung eines Wirtschaftsbetriebes angeordnet wird.

Das Sozialisierungsprogramm der Regierung

~

WELCHE WIRTSCHAFTSBETRIEBE sollten nun enteignet werden? Nach dem ursprünglichen Programm der Regierung, das im Namen der Regierung Vizekanzler Fink am 21. Mai 1919 der Nationalversammlung mitgeteilt hat, sollten zunächst die wichtigsten *Rohstoffquellen* und die wichtigsten *Kraftquellen* sozialisiert werden. Damit das Gemeinwesen über die wichtigsten Rohstoffe, über Eisen und Holz verfüge, sollten die *Großeisenindustrie* und die *Forstwirtschaft* sozialisiert werden. Damit die wichtigsten Kraftquellen unter die Kontrolle des Gemeinwesens kommen, sollten der *Kohlenbergbau*, der *Großhandel mit Kohle* und die *Elektrizitätswirtschaft* sozialisiert werden. Durch die Verfügung über die wichtigsten Rohstoffe und über die wichtigsten Kraftquellen sollte die Gesellschaft den beherrschenden Einfluß auch auf diejenigen Industriezweige erlangen, die die sozialisierten Rohstoffe verarbeiten und aus den sozialisierten Kraftquellen gespeist werden. Die Großeisenindustrie, der Großhandel mit Kohle und der Kohlenbergbau sollten enteignet und je einer gemeinwirtschaftlichen Anstalt übertragen werden, die der *Staat* errichten sollte. Die Forstwirtschaft dagegen und die Elektrizitätswirtschaft sollten nach ihrer Enteignung in jedem Lande je einer gemeinwirtschaftlichen *Landesanstalt* übertragen werden und diese Landesanstalten sollten sich dann nur zur Besorgung gemeinsamer Angelegenheiten zu Staatsverbänden vereinigen. Es war ein großzügiges Sozialisierungsprogramm, das die Regierung damals entwarf. Aber mit der Veränderung der allgemeinen europäischen Lage stieß dieses Programm auf Widerstände, die seine Durchführung bisher vereitelt haben.

Zunächst wollte die Sozialisierungskommission an die Sozialisierung der Großindustrie, vor allem also der *Alpinen Montangesellschaft* herantreten. Dagegen erhob sich nun in Steiermark und in Kärnten, wo die Erzlagerstätten der Alpinen Montangesellschaft liegen, ein heftiger Widerstand. Die steirische und die kärntnerische Landesregierung erklärten, über den steirischen und über den Kärntner Erzberg dürfe nicht der Staat, sondern könnten nur die beiden Landesregierungen verfügen. Um diese Widerstände zu überwinden, lud die Sozialisierungskommission die beiden Landesregierungen ein und sie schlug ihnen vor, daß die gemeinwirtschaftliche Anstalt, die die Betriebe der Alpinen Montangesellschaft übernehmen sollte, vom Staat gemeinsam mit den Ländern gegründet und geleitet werden solle. Aber die beiden Landesregierungen beharrten auf ihrer ablehnenden Haltung. Während sich infolge des Widerstandes der beiden Landesregierungen die Vorarbeiten lange hinzogen, setzte aber eine große Spekulation in Aktien der Alpinen Montangesellschaft ein, die nicht nur den Kurs der Aktien bedeutend emportrieb, sondern auch einen großen Teil dieser Aktien italienischen Kapitalisten in die Hände spielte. So hat der Partikularismus der steirischen und der Kärntner Landesregierung dazu geführt, daß unsere wertvollen Naturschätze unter die Kontrolle des ausländischen Kapitals gerieten. Damit war aber die Sozialisierung der Alpinen Montangesellschaft zunächst unmöglich geworden. Die Alpine Montangesellschaft muß den Koks, den sie zum Betriebe ihrer | Hochöfen braucht, aus der Tschechoslowakei und aus Polen beziehen. Da sie sich den ausländischen Koks jetzt nicht beschaffen kann, mußten ihre Hochöfen ausgeblasen werden. Die Produktion ist daher gedrosselt, die Gesellschaft arbeitet mit großem Defizit. Daher könnte der Staat, wenn er das Unternehmen sozialisieren wollte, die Aktien nicht zu den gegenwärtigen hohen Kursen ablösen. Eine Ablösung zu niedrigen Kursen müßte den Staat aber in einen schweren Konflikt mit dem italienischen

Kapital verwickeln, das einen großen Teil der Aktien erworben hat. Einen solchen Konflikt mit ausländischem Kapital kann der vom Auslande abhängige, auf ausländischen Kredit angewiesene Staat nicht wagen.

Der Staat mußte sich daher vorläufig damit begnügen, zu verhindern, daß das ausländische Kapital die vollständige Herrschaft über die größte unter unseren privaten Industrieunternehmen erlangt. Der § 37 des Gesetzes über die gemeinwirtschaftlichen Unternehmungen bot ihm die Handhabe dazu. Als die Alpine Montangesellschaft im Oktober gezwungen war, ihr Aktienkapital zu erhöhen, um sich das notwendige Betriebskapital zu beschaffen, beanspruchte der Staat auf Grund des § 37 die neuen Aktien. Damit wurde verhindert, daß auch die neuen Aktien in ausländische Hände übergehen, und es wurde dem Staat stärkerer Einfluß auf die Verwaltung der Unternehmung gesichert.

Schwierigkeiten anderer Natur standen der Sozialisierung des *Kohlenhandels* und des *Kohlenbergbaues* im Wege. Deutschösterreich muß den größten Teil seiner Kohle aus der Tschechoslowakei, aus Polen und aus dem Deutschen Reiche beziehen. Es ist zur Stunde noch nicht klar, in welcher Weise diese Länder den Vertrieb ihrer Kohlen organisieren werden. Sollten die Produktionsstaaten den Vertrieb ihrer Kohlen sozialisieren oder monopolisieren, dann wäre es auch in Deutschösterreich notwendig, die Kohleneinfuhr in einer gemeinwirtschaftlichen Anstalt zu zentralisieren. Sollten die Produktionsstaaten aber zum freien Handel in Kohle zurückkehren, dann wäre es fraglich, ob unsere Kohlenversorgung durch die Zentralisation des Kohleneinkaufes in einer gemeinwirtschaftlichen Anstalt nicht beeinträchtigt würde. Aus diesem Grund war die Sozialisierungskommission der Meinung, daß die Entscheidung über die Sozialisierung des Großhandels mit Kohle aufgeschoben werden müsse, bis wir wissen werden, in welcher Weise die Produktionsstaaten den Vertrieb ihrer Kohlen organisieren werden. Möglich wäre heute nur die Sozialisierung des heimischen Kohlenbergbaues. Sie hätte aber ohne gleichzeitige Sozialisierung des Großhandels mit ausländischer Kohle nur sehr geringe volkswirtschaftliche Bedeutung, da der heimische Kohlenbergbau kaum ein Zwölftel unseres Kohlenbedarfes deckt.

Bessere Aussichten hat die Sozialisierung der *Elektrizitätswirtschaft*. Allerdings zeigen sich auch hier dieselben Schwierigkeiten wie bei den anderen Problemen der Sozialisierung: auf der einen Seite der Länderpartikularismus, der die Vorberatung des Gesetzentwurfes über die Sozialisierung der Elektrizitätswirtschaft überaus erschwert und verlängert hat, da jedes Land seine Wasserkräfte für sich beansprucht und dem Staat keine Verfügung über sie lassen will; anderseits unsere Abhängigkeit vom Auslande, da wir zum Ausbau unserer Wasserkräfte ausländisches Kapital brauchen werden, die Sozialisierung daher in Formen vollzogen werden muß, die die Heranziehung ausländischen Kapitals nicht ausschließen. Immerhin lassen die bisherigen Vorarbeiten hoffen, daß ein Gesetzentwurf über die Sozialisierung der Elektrizitätswirtschaft der Nationalversammlung bald wird zugehen können.

Am weitesten ist wohl noch die Sozialisierung der *Forstwirtschaft* von ihrer Verwirklichung entfernt. Sie müßte ja durch die

11 Länder | erfolgen, da jedes Land zunächst die in seinem Gebiete liegenden Forste einer gemeinwirtschaftlichen Landesanstalt übertragen soll; die Länder aber stehen heute jeder Sozialisierung mit der größten Feindseligkeit gegenüber. Außerdem legt uns der Friede von St. Germain die Verpflichtung auf, Holz an die Entente zu Preisen abzuliefern, die nicht höher sein dürfen als die Inlandspreise; man wird daher über die Sozialisierung der Forstwirtschaft nicht entscheiden können, solange man nicht weiß, in welcher Weise diese Bestimmung des Friedensvertrages durchgeführt werden und wie sie die Rentabilität der Forste beeinflussen wird.

So ist die Durchführung des Regierungsprogramms vom 21. Mai bisher nicht möglich gewesen. Sie ist bisher gescheitert einerseits an dem *Partikularismus der Länder*, hinter den sich der Widerstand der heimischen Bourgeoisie verschanzt, anderseits an der Tatsache unserer drückenden *Abhängigkeit vom ausländischen Kapital*.

Die ersten gemeinwirtschaftlichen Anstalten

∼

W AR DIE SOZIALISIERUNG im großen Stil in den letzten Monaten nicht möglich, so kam alles darauf an, den Gedanken der Sozialisierung trotz der Ungunst der Zeit lebendig zu erhalten, durch praktische Arbeit, sei es auch in engerem Rahmen, seine Fruchtbarkeit zu erweisen und dadurch für eine der Sozialisierung günstigere Zeit Vorarbeit zu leisten.

Während des Krieges hatte die Heeresverwaltung eine große Anzahl industrieller Betriebe erworben und errichtet. Diese Betriebe wurden teils von der Heeresverwaltung selbst militärisch-bürokratisch verwaltet, teils an kapitalistische Unternehmen verpachtet. Unsere Republik hat diese Betriebe geerbt und sie kann für sie jetzt eine Verwaltung nach sozialistischen Grundsätzen organisieren. Auf diese Weise kann sie die neue Rechtsform der gemeinwirtschaftlichen Anstalten praktisch erproben und durch die Erfahrung beweisen, daß Unternehmungen bestehen und gedeihen können, die weder vom Kapital beherrscht noch bürokratisch regiert werden.

Zu diesem Zwecke wurden zunächst die *Vereinigten Leder- und Schuhfabriken* gegründet. Es ist dies die erste gemeinwirtschaftliche Anstalt, die errichtet worden ist. Der Staat hat sie gemeinsam mit der *Großeinkaufsgesellschaft österreichischer Konsumvereine* als der Vertreterin der Arbeiterschaft und mit der *Landwirtschaftlichen Warenverkehrsstelle* als der Vertreterin der bäuerlichen Konsumenten errichtet. Der Staat hat der Anstalt seine Schuhfabrik in Brunn am Gebirge und die Einrichtungen der Schuhfabrik in Mittendorf übergeben. Die Großeinkaufsgesellschaft öster-

reichischer Konsumvereine und die Landwirtschaftliche Warenverkehrsstelle stellen der Anstalt das Betriebskapital bei. Die
Anstaltsversammlung, die die Unternehmung leitet, wird aus
Bevollmächtigten des *Staates*, der *Großeinkaufsgesellschaft österreichischer Konsumvereine*, der *Landwirtschaftlichen Warenverkehrsstelle*
und des *Betriebsrates* der Arbeiter und Angestellten zusammengesetzt; in gleicher Weise wird auch der Gewinn der Anstalt geteilt.
Zunächst wird die Anstalt zwei große Schuhfabriken betreiben,
deren Produktion allein schon einen sehr bedeutenden Teil der
gesamten heimischen Schuhproduktion darstellen wird; überdies
aber besteht die Absicht, auch private Schuh- und Lederfabriken
in Aktiengesellschaften gemeinwirtschaftlichen Charakters zu
verwandeln, die gemeinwirtschaftliche Anstalt an ihnen zu betei-
ligen und ihr auf diese Weise auch eine Kontrolle über die private
Schuh- und Lederindustrie zu geben. Soll auf diese Weise die Sozialisierung der Schuh- und Lederindustrie angebahnt werden,
12   so soll zugleich noch ein anderer, bedeut- | samer Erfolg erreicht
werden. Bei der Gründung und Verwaltung der Anstalt wirkt mit
dem Staat und den Arbeiter-Konsumvereinen auch die Landwirtschaftliche Warenverkehrsstelle als Vertreterin der bäuerlichen
Konsumenten mit. Diese Kooperation soll der Bauernschaft den
praktischen Beweis erbringen, daß die Sozialisierung der Industrie den bäuerlichen Interessen nicht schadet, daß sie vielmehr
das Mittel ist, die Industrie unter die Kontrolle und in den Dienst
der bäuerlichen ebenso wie der städtischen Konsumenten zu
stellen. Das ist eine Aufgabe von höchster Bedeutung; denn einer
der größten Widerstände, die der Sozialisierung entgegenste-
hen, würde beseitigt, wenn es gelänge, die Bauernschaft für den
Gedanken der Sozialisierung zu gewinnen.

Kurz nach der Errichtung der Vereinigten Schuh- und Lederfabriken wurde die *Deutschösterreichische Heilmittelstelle*, die zweite
gemeinwirtschaftliche Anstalt, geschaffen. Der Staat gründet diese Anstalt gemeinsam mit dem Wiener Krankenanstaltenfonds.
Der Staat übergibt ihr die Einrichtungen und Vorräte der Militär-
Medikamenteneigenregie, der Krankenanstaltenfonds übergibt

ihr die Medikamenteneigenregie der Wiener Krankenanstalten. Die Anstaltsversammlung, die die Anstalt leitet, wird aus Bevollmächtigten des *Staates*, des *Krankenanstaltenfonds*, der *Krankenkassen* und des *Betriebsrates* der Arbeiter und Angestellten der Anstalt zusammengesetzt. Die Anstalt soll zunächst den Heilmitteleinkauf für die Krankenhäuser und die Krankenkassen besorgen. Gleichzeitig übernimmt sie aber auch die Kontrolle der heimischen Fabriken, welche die Heilmittel erzeugen. Zu diesem Zwecke werden die größten Unternehmungen der pharmazeutischen Industrie in Aktiengesellschaften gemeinwirtschaftlichen Charakters verwandelt. Die Vertreter der Heilmittelstelle treten in die Verwaltungsräte dieser Unternehmungen ein; sie werden zusammen mit den Vertretern der Betriebsräte dieser Unternehmungen die Hälfte der Stellen in den Verwaltungsräten besetzen. Dadurch erlangt die Heilmittelstelle den stärksten Einfluß auf die Industrie, die den Krankenkassen und den Krankenanstalten die Heilmittel liefert. Die Heilmittelstelle wird die Produktion der Industrie den Bedürfnissen der Krankenkassen und Krankenhäuser anpassen und die Preiserstellung der Heilmittel kontrollieren können.

Zugleich wird unsere pharmazeutische Industrie eine wesentliche Ausdehnung erfahren. Die „Pi"-Anlage in der staatlichen Munitionsfabrik in Blumau wird zur Erzeugung von Rohstoffen, die die pharmazeutische Industrie braucht, eingerichtet und zu ihrem Betriebe eine Aktiengesellschaft gemeinwirtschaftlichen Charakters gegründet werden, die von der Heilmittelstelle gemeinsam mit den bestehenden Unternehmungen der pharmazeutischen Industrie verwaltet werden wird.

Die Heilmittelstelle soll aber nicht nur die Deckung des Heilmittelbedarfes der Krankenkassen und Krankenanstalten verbessern und verbilligen, sondern auch auf die Geschäftsführung der Apotheken Einfluß erlangen. Heute bringen die pharmazeutischen Unternehmungen und die Apotheken sogenannte „Spezialitäten" in den Handel, die von dem Publikum zu sehr hohen Preisen gekauft werden, obwohl ihr Heilwert oft nicht größer ist als der

anderer, viel wohlfeilerer Heilmittel. Diesem Spezialitätenwu-
cher soll die Heilmittelstelle ein Ende machen. Zu diesem Zwecke
wird sie die von ihr kontrollierten Unternehmungen der pharmazeutischen Industrie verhalten, die am häufigsten verwen-
deten Heilmittel, der normalen Verschreibweise entsprechend,
im großen zu erzeugen und sie unter einheitlicher Benennung
und in einheitlicher Verpackung in den Handel zu bringen. Diese normalisierten Heilmittel werden auch den Apotheken zum
Vertrieb übergeben werden, wobei die Verkaufspreise von der
13 Heilmittelstelle festgesetzt werden. |

Die Ärzte werden daher in den meisten Fällen weder kompli-
zierte Rezepte schreiben noch ihre Klienten auf irgendwelche
fragwürdige „Spezialitäten" verweilen müssen, sondern die Kranken einfach anweisen, das dem betreffenden Krankheitsfall angemessene von den normalisierten Heilmitteln zu gebrauchen.
Damit wird der Gebrauch der „Spezialitäten" wesentlich einge-
schränkt, die Täuschung und Bewucherung der Kranken verhütet
werden. Nur in den vergleichsweise seltenen Fällen, in denen
eine „Spezialität" wirklich höheren Heilwert hat als die normalisierten Heilmittel, wird sie sich auch in Zukunft durchsetzen
können.

Die Vereinigten Leder- und Schuhfabriken und die Deutschösterreichische Heilmittelstelle sind schöne Beispiele einer Sozialisierung, die ohne Enteignung privater Unternehmungen durchgeführt werden kann. Das Büro der Sozialisierungskommission
hat viele ähnliche Projekte ausgearbeitet. Die Bewertung der
kriegsärarischen Betriebe und des vom Staat übernommenen *Habsburgischen Familienvermögens* und der Abbau der *kriegswirtschaft-
lichen Organisationen* werden noch manche Gelegenheit bieten,
gemeinwirtschaftliche Unternehmungen zu begründen. Auch
die Gründung neuer Industriezweige auf unserem Boden wird
in vielen Fällen in gemeinwirtschaftlichen Formen geschehen
können. Auf diese Weise werden gemeinwirtschaftliche Unternehmungen in viele Zweige unserer Industrie eindringen. Die
neue Rechtsform der gemeinwirtschaftlichen Unternehmung

wird so praktisch erprobt werden. Die Erfahrung wird beweisen, daß industrielle Unternehmungen bestehen und gedeihen können, die nicht mehr vom Kapital beherrscht, sondern vom Gemeinwesen in Gemeinschaft mit den Arbeitern, die in den Betrieben arbeiten, und mit den Verbrauchern, für die die Betriebe arbeiten, verwaltet werden. Die Wachstumsenergie dieser gemeinwirtschaftlichen Unternehmungen wird der Gemeinwirtschaft immer weiteren Raum erobern.

Sozialisierung im großen Stil setzt gewiß die Enteignung der privaten Unternehmungen voraus. Die „Expropriation der Expropriateurs" muß unser Ziel bleiben. Aber wir leisten gute Vorarbeit für die Erreichung dieses Zieles, indem wir, ehe es noch erreicht werden kann, gemeinwirtschaftliche Unternehmungen gründen und durch ihre Entwicklung den Beweis erbringen, daß die Industrie unter gemeinwirtschaftlicher Verwaltung blühen und gedeihen kann, ohne dem Kapital fronen zu müssen.

9

Das Wiederbesiedlungsgesetz

GLEICHZEITIG MIT DEN Aktionen, die von der Sozialisierungs-
kommission ausgegangen sind, wurde vom Staatsamt für
Landwirtschaft die Neugestaltung der ländlichen Eigentumsver-
hältnisse in Angriff genommen. Der erste Schritt dazu war das
Wiederbesiedlungsgesetz vom 31. Mai 1919. Seit den Siebzigerjah-
ren haben Grundherren und Kapitalisten viele Bauern gelegt, viel
Ackerland in Wald- und Jagdgrund verwandelt. Der Hirsch hat die
Kuh vertrieben. Nun gilt es, den Boden dem Jagdvergnügen der
Großen wieder zu entreißen, ihn produktiver Arbeit wiederzu-
geben. Das Gesetz bestimmt, daß der Boden, der seit 1870 durch
Legung von Bauerngütern in die Hände des Großgrundbesitzes
übergegangen ist, enteignet werden kann. Landlose und landar-
me Bewerber haben das Recht, zu fordern, daß solcher Boden
zu ihren Gunsten enteignet werde und sie auf ihm als Bauern
oder Häusler angesiedelt werden. Auf Verlangen der Sozialisierungskommission wurde in das Gesetz die Bestimmung aufge-
nommen, daß die Enteignung nicht nur zugunsten einzelner, die
14 als | Bauern oder Häusler den Boden erwerben sollen, sondern
auch zugunsten des Staates, zugunsten von Ländern, Gemeinden,
Agrargemeinschaften, landwirtschaftlichen und Siedlungsgenos-
senschaften erfolgen kann. Die Körperschaften, die auf diese
Weise Boden erwerben, können ihn selbst bewirtschaften oder
gemeinwirtschaftlichen Unternehmungen übertragen oder Bauern, Häusler, Arbeiter auf ihm als Erbpächter ansiedeln. So bietet
das Gesetz die Möglichkeit der Sozialisierung des zu enteignen-
den Bodens. An die Stelle des Privateigentums der großen Jagd-
herren kann öffentliches oder gemeinwirtschaftliches Eigentum,

an die Stelle des privaten Luxusbesitzes die Land-, Weide- und Forstwirtschaft gemeinwirtschaftlicher Organisationen treten.

Das Schlössergesetz

⌣

NOCH EIN ANDERES Gesetz, das aus der Initiative des Staatsamtes für soziale Verwaltung hervorgegangen ist, fügt sich in den Rahmen der Sozialisierungsaktion ein. Wir meinen das Gesetz vom 30. Mai 1919 über die Volkspflegestätten, gemeinhin Schlössergesetz genannt. Das Gesetz gibt dem Staate das Recht, Schlösser, Paläste und Luxusgebäude zu enteignen, um in ihnen Pflegestätten für Kriegsbeschädigte, Tuberkuloseheilstätten und Jugendfürsorgestätten zu errichten. Die Enteignung erfolgt *ohne Entschädigung* der bisherigen Eigentümer, wenn die Gebäude Kriegsgewinnern gehören, die sie erst seit Kriegsbeginn gekauft haben, wenn die bisherigen Eigentümer nach der Revolution ins Ausland geflohen sind. In allen anderen Fällen erhalten die Eigentümer eine angemessene Entschädigung. Die Enteignungsaktion ist im Gange. Von den Schlössern, die im Lande liegen, werden diejenigen, welche zur Errichtung von Volkspflegestätten geeignet sind, ausgesucht und das Enteignungsverfahren eingeleitet. Gebäude, die bisher nur dem müßigen Luxus weniger gedient haben, werden nun der Pflege der Kriegsopfer und der Erziehung der Proletarierjugend dienstbar gemacht.

Die Ergebnisse der Sozialisierungsaktion

~

VOR EINEM JAHRE war der Gedanke der Sozialisierung den Massen selbst noch nicht vertraut. Das erste Jahr der Republik hat ihn zum Gegenstande der heftigsten Kämpfe der Klassen und der Parteien, der Interessen und der Meinungen gemacht; es hat eben dadurch das Volk mit ihm vertraut gemacht und ihn in die Hirne und Herzen der Arbeiter versenkt.

Das Problem der Sozialisierung ist eine *Machtfrage*. Im Verlaufe der Sozialisierungsaktion spiegelt sich die Entwicklung der Machtverhältnisse zwischen den Klassen.

Die Wahl vom 16. Februar hat die Sozialdemokratie zur stärksten Partei in der Nationalversammlung erhoben, aber sie hat sie nicht zur Mehrheit in der Nationalversammlung gemacht. Die Mehrheit der Wähler hat für die Parteien gestimmt, die auf dem Boden der bürgerlichen Gesellschaftsordnung stehen, an dem Privateigentum an Produktionsmitteln festhalten. Aber das Machtverhältnis zwischen den Klassen ist nicht mechanisch durch die Ergebnisse der Wahlstatistik bestimmt. In den Frühlingsmonaten, als die soziale Revolution in ganz Europa im Aufstiege war, hatte der Sozialismus auch hierzulande die unbestrittene Führung. Damals konnte wir einige wahrhaft sozialistische Reformen durchsetzen, obwohl wir nicht über die Mehrheit in der Nationalversammlung verfügten. Die Gesetze über die *Betriebsräte* und über die *gemeinwirtschaft-|lichen Unternehmungen*, das *Wiederbesiedlungsgesetz* und das *Schlössergesetz* sind die Ergebnisse jener fruchtbaren Phase der Sozialisierungsaktion. Dann aber, als der Rückschlag in ganz Europa einsetzte; als in den Ententeländern die Demobilisierung der Armeen gelungen war, die 15

proletarischen Soldaten ihre Gewehre und Maschinengewehre
friedlich abgeliefert hatten und der Ententeimperialismus der
unmittelbaren Gefahr einer Erhebung der bewaffneten Proletari-
er entgangen war; als im Deutschen Reiche die Reichswehr die
bürgerliche „Ordnung" wiederherstellte und in Ungarn die Proletarierdiktatur zusammengebrochen war; als das Verbot unseres
Anschlusses an Deutschland unsere Abhängigkeit vom Ententekapital verschärfte, kam auch in unserem Lande der Rückschlag,
geriet auch hier die Sozialisierungsaktion ins Stocken. Der Verwirklichung der großen, weitgreifenden Pläne der ersten Phase,
des Regierungsprogramms vom 21. Mai, standen nun unüber-
windliche Hinderhisse im Wege. Aber deshalb mußten wir nicht
kleinmütig werden, nicht untätig warten. Wir haben in dieser
zweiten Phase gute Vorarbeit für spätere, günstigere Zeiten leisten können. Durch praktische Durchführung des Betriebsrätege-
setzes schulen wir die Arbeiterschaft für die große geschichtliche
Aufgabe, die ihr zufallen wird, wenn eine neue geschichtliche
Wendung die Fortführung der Sozialisierungsaktion im großen
Stile erlaubt. Durch die praktische Anwendung des Gesetzes über
die gemeinwirtschaftlichen Unternehmungen, für die die Errichtung der *Vereinigten Leder- und Schuhfabriken* und der *Heilmittelstelle* schöne Beispiele bietet, erproben und entwickeln wir die
Unternehmungsformen, die einst zu Unternehmungsformen der
ganzen Produktion werden sollen.

Noch steht im Westen, in den Ländern der Sieger, der Kapitalismus ungebrochen. Noch behauptet sich im Osten, in Rußland,
die Diktatur des Proletariats. Zwischen dem Ententekapital im
Westen und der Proletarierdiktatur im Osten tobt der Kampf. Sein
Ausgang ist ungewiß. Noch wissen wir nicht, ob der Kapitalismus die Kriegskrise überwinden, sich nochmals befestigen wird
oder ob die soziale Krise, die der Krieg hervorgerufen hat, mit seinem Zusammenbruche endet. Nicht in unserem Lande, einem der
kleinsten Länder, dem ohnmächtigsten, von ausländischer Hilfe
abhängigsten Lande Europas, entscheidet sich das Schicksal des
Kapitals. Die Entscheidung fällt in den großen, mächtigen Län-

dern, in England und in Amerika, in Deutschland und in Rußland. Die Entscheidung in der großen Welt wird auch unser Schicksal bestimmen. Große Revolutionen vollziehen sich selten mit einem Schlage. Sie stürmen vor, unterbrechen sich in ihrem Lauf, holen Atem und beginnen den Sturm dann wieder von neuem. Auch den Verlauf der sozialen Revolution unserer Zeit kann niemand voraussagen. Es ist möglich, daß auch sie sich in ihrem Laufe unterbricht, daß es dem Kapitalismus noch einmal gelingt, sich für einige Jahre zu befestigen. Geschieht das in den großen Ländern, dann stockt auch in unserem Lande die Sozialisierungsaktion. Aber noch hoffen wir, daß der Kapitalismus die Kriegskrise nicht mehr zu überwinden, sich nicht mehr zu erholen, nicht wieder zu befestigen vermag. Schreitet in der großen kapitalistischen Welt der Prozeß der sozialen Revolution fort, dann kommt auch für unsere Sozialisierungsaktion bald wieder eine günstigere, fruchtbarere Epoche. | 16

www.ingramcontent.com/pod-product-compliance
Lightning Source LLC
Chambersburg PA
CBHW021338290326
41933CB00038B/971

* 9 7 8 3 9 5 0 4 4 5 4 4 2 *